कितनी प्यारी रात है।

चलो! जादुई आसमान खोलते हैं!
आसमान को थपथपाओ।
फिर पन्ना पलट दो।

श श श श...

तारे अभी तक सो रहे हैं।

...पर रात तो हो गई। ये अभी तक क्यों सो रहे हैं?

चलो, इन्हें जगाते हैं!

बीच में सोये, सफेद तारे को गुदगुदी करो।

कहो, "गुद-गुद, गुदगुदी!"

अब बैंगनी और लाल तारे को भी गुदगुदाओ।

कहो, "गुद-गुद, गुदगुदी!"

चलो, आँखें तो खुली इनकी।

अब सफेद तारे को पाँच बार
जल्दी-जल्दी गुदगुदाओ।

कहो, "गुद-गुद, गुदगुदी!"

सफेद के बायें में बैठे लाल तारे और दायें बैठे बैंगनी तारे को भी पाँच बार जल्दी-जल्दी गुदगुदाओ।

कहो, **"गुद-गुद, गुदगुदी!"**

वाह इतने सारे तारे।

चलो, देखते हैं ये कैसे टिमटिमाते हैं?

किताब को थोड़ा हिलाओ।

ये तो बिखर रहे हैं!

ठीक करने के लिए किताब को बाईं ओर झुकाओ।

ओह!

ये तो गड़बड़ हो गई।

अब किताब को दाईं ओर झुकाओ।

ओ नहीं।

ये तो एक तरफ ही जा रहे हैं।
ऐसे में आसमान खाली-खाली लगेगा।

किताब को जोर से झटको, ताकि
ये सभी अपनी-अपनी जगह पर
आ सकें।

अरे, ये बहुत जोर से हो गया!
चलो, इनको वापस ठीक करते हैं।

एक ताली बजाओ।

दो ताली बजाओ और एक फूँक मारो!

आऽऽ फूऽऽऽ....

ओह! शुक्रिया।

अब सब ठीक लग रहा है।
कितना सुन्दर लग रहा है न आसमान।

जगमग-जगमग,

झिलमिल-झिलमिल

...और इस तरह,

रात के आसमान में हमारी
रोचक यात्रा समाप्त होती है।

क्या आप तारों से भरे आसमान को फिर से खोलना चाहेंगे?

चलिए एक बार फिर से कोशिश करते हैं।